MICHEL REVON

LE
JAPON MODERNE

CONFÉRENCE

AUX

AMIS DE L'UNIVERSITÉ DE PARIS

Faite à la Sorbonne le 21 janvier 1904

(Extrait de la *Grande Revue*, n° du 15 avril)

PARIS

C. NAUD, ÉDITEUR

3, RUE RACINE, 3

1904

LE
JAPON MODERNE

DU MÊME AUTEUR

L'Université de Grenoble. Grenoble, Xavier Drevet, 1889.

Le Droit de la guerre sous la République romaine. thèse de doctorat en droit. Paris, Arthur Rousseau, 1890 *(Épuisé)*.

Les Syndicats professionnels et la loi du 21 mars 1884. *Id.*

L'Arbitrage international, son passé, son présent, son avenir. (Prix Bordin de l'Académie des sciences morales et politiques.) Paris, Arthur Rousseau, 1892 *(Épuisé)*.

Philosophie de la guerre. Imprimerie du Familistère de Guise, 1896.
> Traductions autorisées :
>> Traduction allemande par Hermann Fried, président de la Société de la Paix de Francfort-sur-le-Mein. Munich et Leipzig, August Schupp, 1896.
>> Autre traduction par Friedrich Streissler. Leipzig, Siegbert Schnurpfeil, 1896.
>> Traduction russe par Nicolas Rospopoff, consul de Russie Saint-Pétersbourg, 1897.
>> Traduction japonaise par K. Kodama, professeur à l'École de guerre. Tokio, Tetsoughakou Shôinn, 1898.]
>> Traduction anglaise (en préparation) par le Dr C.-M. Bradbury, de l'Université de Virginie (U. S. A.).

Joseph de Maistre. (Prix d'éloquence de l'Académie française.) Paris, Librairie de la Nouvelle Revue, 1892.
> Traduction russe par N. Rospopoff. Saint-Pétersbourg. 1897.

George Sand. (Prix d'éloquence de l'Académie française.) Paris, Ollendorff, 1894.

De arte florali apud Japonenses, thèse de doctorat ès lettres. Paris, Lecène et Oudin, 1896.

Étude sur Hoksaï. *Id.*

La Civilisation japonaise, leçon d'ouverture du cours d'Histoire de la civilisation des peuples de l'Extrême-Orient, à la Sorbonne, 19 décembre 1899. Paris, Bureaux de la Revue bleue, 1900.
> Traduction japonaise par K. Goraï. Tokio. 1900.

Le Shinntoïsme (en cours de publication). chez Ernest Leroux, Paris.

Michel REVON

LE
JAPON MODERNE

CONFÉRENCE
AUX
AMIS DE L'UNIVERSITÉ DE PARIS

Faite à la Sorbonne le 21 janvier 1904

(Extrait de la *Grande Revue*, n° du 15 avril)

PARIS

G. NAUD, ÉDITEUR

3, RUE RACINE, 3

1904

Le Japon moderne.

Lorsqu'on jette un regard d'ensemble sur l'histoire du Japon, sans s'arrêter à la succession des règnes ou des guerres, mais en s'attachant aux transformations profondes qui seules présentent un véritable intérêt, on aperçoit deux grands événements qui, de beaucoup, dominent tous les autres, et qui se dressent, comme deux points culminants, à deux moments essentiels du développement national : l'un est l'introduction de la civilisation chinoise, au milieu du vi^e siècle après Jésus-Christ : l'autre, l'introduction de la civilisation occidentale, au milieu du xixe. On voit alors l'histoire japonaise se diviser en trois périodes maîtresses, qui correspondent à trois états de civilisation bien distincts : en premier lieu, le Japon primitif, avec sa culture spontanée ; en second lieu, l'ancien Japon, où la culture chinoise se superpose à la culture indigène ; en troisième lieu enfin, le Japon moderne, où la culture occidentale vient compléter les deux autres. C'est la période que je vais exposer.

De ce que je viens de dire, il résulte déjà que la révolution accomplie par le Japon en 1867 n'est pas un fait unique dans son histoire. Elle avait eu un précédent vers 550 ; et si elle étonna les Européens, peu accoutumés à des évolutions aussi rapides, elle parut toute naturelle aux Japonais, qui avaient exécuté le même tour de force, avec la même sûreté et la même souplesse, treize siècles auparavant. D'autant plus que la seconde révolution fut, en réalité, beaucoup moins profonde que la première, et qu'elle n'offre pas le caractère merveilleux qu'on lui attribue en général.

Pour nous en rendre compte, commençons par bien préciser les causes réelles de cette révolution d'où allait sortir le Japon moderne ; car autrement, nous ne comprendrions pas les effets issus de ces causes, qui contenaient en germe tout le développement contemporain. — Lorsqu'on ne considère que l'apparence superficielle des événements, la question paraît bien simple : elle semble se ramener aux faits suivants. Au milieu du xvi° siècle, les Portugais découvrent le Japon : Mendez Pinto y débarque le premier en 1542, et saint François-Xavier, sept ans plus tard, y vient prêcher pour la première fois le christianisme ; puis, ce sont les Espagnols qui arrivent à leur tour, et avec eux les franciscains. Les Japonais accueillent d'abord ces étrangers, les « Barbares du Sud », avec une bonté hospitalière. Mais bientôt, entre les marchands portugais et les jésuites d'une part, et d'autre part les marchands espagnols et les franciscains, de violentes rivalités éclatent, qui menacent de troubler la paix publique ; et en même temps, les Japonais s'aperçoivent que, d'habitude, quand les nations d'Europe envoient au loin des missionnaires, c'est pour expédier ensuite des soldats : ils se méfient donc d'un essai de conversion qui semble présager une tentative de conquête. C'est pourquoi, dès le début du xvii° siècle, un édit radical interdit le christianisme, expulse les missionnaires, n'admet plus que les Hollandais, qui sont des négociants pacifiques, et ferme absolument les portes de l'archipel. Le Japon vit alors en paix, calfeutré chez lui, développant toujours sa civilisation raffinée ; et cette paix profonde dure près de 250 ans. Mais en 1853, arrivent les « vaisseaux noirs » ; le commodore Perry, au nom de l'Amérique, vient imposer au pays le commerce occidental. Les Japonais, sous les menaces du canon, cèdent à une force supérieure : le Japon est ouvert, et la civilisation européenne peut enfin y pénétrer librement.

Tel est l'aspect des choses, vu de l'extérieur. — Mais plaçons-nous à l'intérieur du pays : aussitôt, le spectacle change. L'arrivée de Perry n'apparaît plus que comme l'occasion qui précipita une crise depuis longtemps préparée, et on distingue alors les causes internes, c'est-à-dire les vraies raisous, lointaines et profondes, de l'événement final. — Quelles furent ces causes internes qui travaillaient la nation ? C'étaient des causes d'ordre moral d'abord, puis des causes d'ordre économique, et enfin des causes d'ordre politique. Indiquons-les rapidement ; car elles nous aideront ensuite à mieux saisir le véritable sens de l'évolution présente.

Les causes d'ordre moral peuvent se ramener à trois tendances directrices : l'esprit classique chinois, l'esprit nationaliste, et l'esprit scientifique occidental. — L'esprit classique chinois enseignait, entre autres choses, que la politique dérive de la morale, et que par suite, si le souverain se fait tyran, le peuple a contre lui le droit d'insurrection. Or, sous l'ancien régime, l'empire japonais avait deux têtes : au-dessus, l'empereur, source théorique de tout pouvoir : au-dessous, le shôgoun, simple généralissime en droit, en fait usurpateur de la puissance positive. Aux yeux des Japonais, le tyran, c'était le shôgoun : et pour le renverser, le mieux était de le représenter comme un serviteur infidèle, en lui opposant le droit divin de l'empereur. C'est ce que fit, dès le xviiᵉ siècle, toute une école d'historiens philosophes, qu'un fin lettré, le prince de Mito, encourageait en dépensant chaque année plus d'un million pour favoriser leurs travaux, et dont les ouvrages d'érudition répandirent dans toute la société, au xviiiᵉ siècle surtout, l'idée d'une restauration impériale. Ce fut le dernier chef de ce clan qui, au xixᵉ siècle, donna le signal de la révolution. — Mais en même temps, une autre école savante, d'un esprit tout différent, travaillait au même résultat. Un groupe d'érudits fameux, plein d'admiration pour les antiquités nationales, prétendit reconstituer tout le Japon primitif, ressusciter la vieille religion shinntoïste, et rétablir par conséquent l'autorité du fils des dieux. Ces nouveaux érudits étaient des patriotes exaltés, qui avaient en horreur toute chose étrangère : mais de même que l'empereur était le sage idéal pour les savants à la chinoise, il était, pour ces savants à la japonaise, le dieu vivant que tous devaient servir. C'est ce qu'ils enseignèrent, dans d'innombrables écrits, pendant tout le xviiiᵉ siècle : et c'est ainsi que la révolution fut préparée, de la manière la plus efficace, par un groupe d'archéologues conservateurs. — Enfin, aux historiens philosophes et aux historiens patriotes, vinrent se

joindre les savants proprement dits. Le gouvernement shôgounal avait fait beaucoup pour l'instruction publique ; mais
il ne comprenait que les études littéraires, et il interdisait les
études scientifiques, par crainte des nouveautés dangereuses
qu'elles auraient pu apporter. Or, les Japonais étaient dégoû-
tés de la vieille rhétorique classique ; ils commençaient à se
fatiguer aussi de l'histoire et de la philologie, pour lesquelles
leur xviiᵉ siècle, aussi fécond que notre xixᵉ siècle français,
avait presque épuisé le champ des recherches : ils auraient
voulu étudier la physique, la chimie, la biologie surtout, si
riche en applications utiles ; et cependant, c'est en 1771 seulement qu'un célèbre médecin, Soughita Ghempakou, avait
pu disséquer, pour la première fois, le cadavre d'un criminel.
Les savants japonais continuèrent pourtant de travailler, en
grand secret et au péril de leur vie ; mais cet état de choses faisait
apparaître le gouvernement shôgounal comme l'ennemi du
progrès, et de plus en plus, toute la partie pensante de la
nation complotait sa chute. — Ainsi, l'esprit classique, dès
le xviiᵉ siècle, avait commencé à saper les bases morales du
shôgounat ; l'esprit nationaliste, au xviiiᵉ siècle, les avait
ébranlées avec la plus grande violence ; l'esprit scientifique,
au xixᵉ siècle, leur porta le dernier coup.

Pour que tout s'écroulât, les shôgouns n'avaient plus qu'à
s'attirer, après la haine de la société intellectuelle, le mécon-
tentement du peuple et l'aversion des seigneurs. — Le premier résultat fut vite produit par la situation économique ;
car le monstrueux système protectionniste qui, depuis plus
de deux siècles, fermait le Japon à tout commerce extérieur,
était encore aggravé, à l'intérieur du pays, par les douanes
provinciales, les corporations, les trusts, bref par tous les
procédés artificiels qui peuvent contribuer à ruiner un
peuple. L'empire ne pouvait plus nourrir sa population toujours
croissante : les famines, les épidémies se succédaient, engen-
drant des révoltes, dont l'une fut justement dirigée par un
philosophe, Heihatchiro. La nation étouffait dans cet
archipel clos, et demandait qu'on lui donnât de l'air, de la
liberté, qu'on lui permît d'employer ses énergies. Par où l'on
voit que, dans le domaine économique, ce n'est pas l'ouverture du pays, au xixᵉ siècle, qui produisit l'explosion finale :
ce fut au contraire sa fermeture, au xviiᵉ siècle, et la trop

forte pression qui en résulta. — Le dénouement allait être enfin précipité par des raisons politiques. Comme notre ancienne monarchie, le gouvernement shôgounal avait lui-même compromis, à la fois par de nombreux abus et par des réformes maladroites, ce fondement essentiel de tout empire que constitue l'administration ; l'ambition des daïmios qui le jalousaient sut profiter de cette décadence ; les grands clans du Sud, les Satsouma, les Tchoshiou, se préparaient à la guerre civile ; et en somme on peut dire que, dès 1850, l'ancien régime était condamné.

C'est alors qu'à l'effet de ces causes internes vint concourir la cause extérieure décisive : l'arrivée des étrangers, qui, à maintes reprises, pendant toute la première moitié du xix° siècle, étaient déjà venus rôder autour des îles défendues : les Russes, dès 1805 ; puis les Anglais ; enfin les Américains, depuis la colonisation de la Californie. En 1842, le Gouvernement, effrayé, ordonnait aux daïmios de s'armer contre une invasion possible : mesure aussi prudente que celle de l'empire romain lorsqu'il confia à des chefs barbares la défense de ses frontières. En 1846, le prince de Mito demandait aux États-Unis d'envoyer au Japon une escadre : en 1853, cette escadre arrivait, sous les ordres de Perry, et faisait éclater la révolution.

Ce que fut la marche de cette révolution, qu'on pourrait rapprocher à tant d'égards de la Révolution française. nous ne pouvons ici l'exposer en détail : il nous suffira de constater qu'elle eut pour résultats généraux, à l'intérieur, le renversement du shôgounat, l'abolition de la féodalité, et une nouvelle centralisation administrative sous le pouvoir impérial restauré ; à l'extérieur, l'ouverture du pays et son contact immédiat avec le reste du monde civilisé. Mais ce qu'il importait de bien établir, c'est la lente évolution qui précéda ce grand mouvement, parce qu'elle détermine pour nous, d'avance et très nettement, les caractères de l'évolution qui devait suivre. — En effet, que voulaient les Japonais. lorsqu'ils renversèrent leur ancien régime? Voulaient-ils introduire chez eux notre religion ou notre morale? En aucune manière. Voulaient-ils adopter nos institutions de société ou de famille? Pas davantage. Leur vrai désir, c'était, à l'intérieur. d'abolir un gouvernement détesté; à l'extérieur,

d'emprunter à l'Occident les éléments de sa prospérité matérielle. Rien de plus naturel, puisque, d'une part, depuis
longtemps, ils enviaient nos sciences et leurs applications
utiles, c'est-à-dire la seule chose qui manquât encore à leur
civilisation ; et puisque, d'autre part, quand l'Occident vint
les menacer, ils comprirent tout de suite la nécessité de
s'armer à sa façon pour être en mesure de se défendre, en
même temps que la nécessité parallèle d'accroître leur fortune
nationale par la réalisation de leur ancien rêve : le commerce avec l'étranger. — On peut donc prévoir, dès maintenant, ce que sera le Japon moderne. Ce ne sera pas, comme
le pensent les optimistes, la transformation subite et miracu-
leuse d'un peuple étrange qui, tout à coup, s'éprend de
notre culture, l'adopte tout entière, avec enthousiasme, et se
l'assimile en quelques années. Ce ne sera pas non plus,
comme le croient les pessimistes, la transformation hâtive et
et malheureuse d'une race à demi barbare qui, ambitieuse
de nous imiter, n'aboutit qu'à une copie superficielle et fragile. Ce sera la transformation, très sérieuse et très prudente,
d'une nation raffinée qui sait choisir ce qu'il y a de meilleur
chez les autres, et qui se l'adapte avec un bon sens parfait.
Donc, pas d'imitation de notre vie morale, à la seule exception de certaines méthodes intellectuelles ; et pas d'imitation
de notre vie sociale, sauf pour certaines institutions d'ap-
parat qu'il était utile de pouvoir montrer à l'étranger ; mais
en revanche, imitation rapide et complète de notre vie
matérielle, dans tout ce qu'elle peut avoir de vraiment pratique. C'est ce qui apparaît très clairement quand, laissant
de côté les considérations en l'air, on observe de près la
réalité des choses, en examinant un à un les faits positifs
dont une civilisation se compose, et en les critiquant avec
précision. Nous ne pouvons refaire ici, évidemment, toute
cette longue étude méthodique : qu'il nous suffise d'en établir
à grands traits les résultats essentiels.

A cet effet, mettons-nous en présence de la civilisation
japonaise, traversons les apparences superficielles qui n'en
sont que l'écume brillante, et allons tout droit au fond des
choses, c'est-à-dire aux véritables besoins de l'homme, que
toute société a pour but de satisfaire ; puis comparons, sur
chaque point, l'ancien régime avec le nouveau. — Ce que

nous apercevons d'abord, à la base de toute vie humaine, ce sont trois besoins primordiaux : l'alimentation, l'habitation et le vêtement. Demandons-nous en quoi l'influence occidentale a pu modifier ces besoins. — Pour l'alimentation, on ne peut observer aucun changement notable. Au point de vue de la quantité des aliments ou des boissons, l'ancien régime avait établi des lois somptuaires très minutieuses, destinées surtout à empêcher des dépenses excessives en imposant aux familles, dans leurs rapports sociaux, des menus aussi simples que dans leur existence domestique ; le nouveau régime a supprimé ces règlements, tyranniques à première vue, au fond très paternels : mais la sobriété des Japonais est restée la même, et notamment, ils continuent d'avoir l'alcoolisme en horreur. Quant à la qualité des aliments, solides ou liquides, elle n'a guère varié non plus. Pour les aliments d'origine minérale, rien de changé. Pour les aliments d'origine végétale, on ne peut guère noter que l'usage croissant de la bière, dont la production d'ailleurs n'excède pas un quarantième de celle du vin de riz traditionnel. Pour les aliments d'origine animale, enfin, les statistiques nous montrent un certain accroissement dans la consommation de la viande de boucherie. Mais en somme, les Japonais sont restés ce qu'ils étaient autrefois : un peuple de végétariens et d'icthyophages. Donc, dans ce domaine, aucune influence sérieuse de l'Occident.

Il en est de même pour l'habitation, gros problème que ce peuple artiste et ingénieux avait su résoudre à merveille. — En effet, quelles sont les conditions essentielles qu'une maison parfaite doit remplir ? Ce sont : la sécurité, d'abord ; puis la convenance, avec ses éléments moraux que nous allons voir, et que négligent trop les traités des architectes ; enfin l'économie, qu'ils oublient encore plus volontiers. — La sécurité elle-même doit sauvegarder trois choses : la vie humaine, ce qui exige la solidité ; la santé, ce qui exige la salubrité ; les biens, enfin, ce qui exige surtout la protection contre le vol et l'incendie. Pour la solidité, la maison japonaise est construite en matériaux d'une résistance et d'une durée suffisantes ; elle a surtout plus de stabilité qu'une maison européenne contre les tremblements de terre, parce que son absence de fondations arrête la propagation des vibrations

ascendantes, et parce que son toit, très lourd, la maintient
en équilibre. Pour la salubrité, pareillement, la maison
japonaise est préférable à la nôtre : car elle n'a pas de murs,
mais seulement des clôtures mobiles qui peuvent s'enlever
l'été, et qui, l'hiver, protègent contre le froid sans empêcher
une aération continue ; par suite, elle répond mieux que nos
lourdes bâtisses au plus grand besoin de l'homme, qui est le
besoin de respirer ; et c'est pourquoi l'observation médicale
constate là-bas plus de maladies, notamment plus de mortalité
infantile, chez les résidents étrangers qui vivent dans des
maisons de brique ou de pierre que chez ceux qui vivent
dans des maisons de bois. Quant à la sécurité des biens, la
maison japonaise, avec ses volets pour la nuit, suffit à écarter
les cambrioleurs, peu dangereux là-bas ; en revanche, elle
est prédestinée à l'incendie : mais comme elle est d'un prix
peu élevé, comme elle contient peu de meubles, et comme
les trésors sont mis à part dans un bâtiment incombustible,
ce fléau si fréquent est moins ruineux pour le Japonais que
pour l'Européen. — Passons à la convenance de l'habitation.
Cette convenance peut s'analyser en trois idées : l'adaptation
aux besoins nationaux, la beauté et la commodité. Or, la
maison japonaise, par sa construction, son orientation, et la
suite, répond très bien aux exigences du climat comme à
toutes les autres conditions d'ordre matériel. Elle répond
aussi aux conceptions morales du peuple, entre lesquelles il
faut mettre à part, comme dominante, son aspiration à la
beauté. Pour les Japonais, frères des Grecs, la maison parfaite est celle qui s'approprie le mieux à sa destination véritable, depuis la construction, aux lignes très simples, jusqu'aux moindres objets, dont le caractère esthétique doit
s'harmoniser avec leur usage réel. Par suite, ils négligent la
façade, car une famille ne vit pas dans la rue ; ils n'encom-
brent pas leurs salons de bibelots, car une pièce de réception
n'est pas un bazar ; et ils réservent pour l'intimité leurs plus
belles chambres, qui s'ouvrent, lumineuses, sur un jardin
charmant. Quant à la commodité, dédain absolu de ce que
nous appelons le confort : donc, nul besoin de cette accumu-
lation de meubles que nous avons fini par croire indispen-
sables, et qu'eux trouvent gênants. Mais en revanche, dans
cet ordre d'idées, ils ont bien vite adopté les deux seuls pro-

grès utiles que nous pussions leur offrir : nos moyens de chauffage perfectionnés, et nos moyens d'éclairage, par le pétrole d'abord, puis par l'électricité, qu'une cinquantaine de sociétés distribuent maintenant dans tout l'empire. Reste alors seulement la question d'économie, où apparaît de nouveau la supériorité de la maison japonaise. Et on voit ainsi que, pour l'habitation privée, les Japonais n'avaient presque rien à nous emprunter. Tout ce qu'ils ont construit sur le plan européen, ce sont d'une part des bâtiments d'ordre économique, usines, banques et la suite, et d'autre part des monuments publics, ministères, parlement, universités, casernes. Encore faut-il ajouter que bien souvent ces changements tenaient moins à des nécessités positives qu'à l'utilité de produire un certain effet moral sur l'Occident. L'administration du pays se faisait aussi bien dans les anciens ministères en bois que dans les nouveaux ministères en brique ; mais, pour obtenir des traités d'égalité avec les Puissances, il n'était pas sans intérêt de leur montrer, dans la capitale japonaise, des façades d'une apparence imposante au point de vue européen.

Après l'alimentation, après l'habitation, arrivons enfin au vêtement. — Pour juger le costume d'un pays, il faut l'examiner au point de vue de l'hygiène, de la convenance et de l'économie. — L'hygiène du vêtement dépend de bien des détails complexes : constatons seulement, d'une manière générale : que le costume japonais vaut au moins le nôtre, soit quant à la matière, puisque la soie et le coton employés sont des substances moyennement conductrices de la chaleur, soit quant à la forme, dont l'ampleur offre des avantages bien connus ; et notons aussi, comme accessoire important au point de vue hygiénique, l'usage du mouchoir en papier, qui ne sert qu'une fois, à la différence de celui qui excitait les railleries de Montaigne. Quant à la convenance du costume, elle apparaît d'abord en ce qui touche sa beauté : inutile d'insister sur la noblesse et l'élégance du vêtement japonais, comparé à l'étrange habit qu'un tailleur de Tokio annonçait sur son enseigne comme « la jaquette de singe des Européens ». Tout ce qu'on pourrait critiquer, au point de vue esthétique, c'est l'énorme ceinture féminine, dont le nœud a trop de lourdeur. Pour la commodité, nous repre-

nous l'avantage : car le costume indigène, excellent pour le
repos, est moins favorable à l'activité. Mais pour les bien-
séances sociales, le raffinement supérieur des Japonais se
retrouve : je ne parle pas de la question de pudeur, sur
laquelle leurs idées sont bien différentes des nôtres, puisqu'ils
regardent comme immorales les moindres coquetteries du
costume féminin en Occident ; ce que je veux signaler, c'est
le goût parfait d'une conception qui n'admet les couleurs
voyantes que pour les enfants, qui impose des nuances très
sobres, non seulement aux femmes, mais même aux jeunes
filles, pour n'avoir pas l'air de les parer en vue du marché
matrimonial, et qui exige enfin, trait significatif, que la
doublure d'un costume, visible seulement dans l'intimité,
soit plus belle que son étoffe extérieure. Remarquons en
dernier lieu que la toilette japonaise, souvent très riche sous
son apparente simplicité, revient cependant moins cher que
la nôtre, parce qu'elle n'obéit pas aux caprices de la mode ;
et n'oublions pas non plus, à ce propos, que les Japonaises
ont renoncé depuis des siècles à l'usage des pierres précieuses,
cette survivance des temps primitifs qui paraît un peu
étrange dans l'état de notre civilisation. — Il ressort de là
que les Japonais n'avaient aucune raison sérieuse d'aban-
donner leur costume national ; et de fait, l'immense majorité
lui est restée fidèle. La minorité qui l'a échangé contre le
costume européen ne s'y est résolue que pour des motifs très
particuliers, dont le plus important était d'ordre politique.
En effet, chacune des races humaines s'imagine qu'elle est la
première de toutes, et il faut avouer que ce sentiment
d'orgueil ne nous est pas étranger. Or, qu'on le veuille ou
non, la question de costume a ici son importance : car fatalement, un lien s'établit dans nos imaginations entre le fond
et la forme des choses, et le vêtement européen nous apparaît, d'une manière toute naturelle, comme l'enveloppe par
excellence de la vraie civilisation. Les Japonais ont donc
pensé que, par exemple, un diplomate de race blanche trai-
terait plus volontiers sur le pied d'égalité avec un collègue
de race jaune en redingote, qu'avec celui dont la robe orien-
tale éveillerait dans son esprit l'impression qu'il se trouve en
face d'un être inférieur. C'est pourquoi, en fins psycholo-
gues, ils ont bien vite admis un nouveau costume de cour,

un nouveau costume civil officiel, un nouveau costume militaire. Dans ce dernier cas, il est vrai, l'uniforme européen était mieux approprié au maniement des armes nouvelles ; mais là encore, détail typique, ils imposèrent aux soldats l'usage des chaussures de cuir pour la parade pacifique, quitte à les remplacer en temps de guerre par l'antique sandale, plus favorable à la marche et à l'action. Évidemment, dans ce pays monarchique, l'exemple venu de haut devait retentir au-dessous ; et en effet, une partie de la société adopta bientôt certains détails du costume européen, par pur caprice. Mais aujourd'hui, la réaction est complète : les fonctionnaires eux-mêmes reprennent leur vieux costume national dès qu'ils rentrent des ministères ; pour les femmes, ce retour au passé est entièrement accompli ; et finalement, pour les hommes, tout se ramène au chapitre des chapeaux, le seul élément européen qu'on voie encore subsister dans l'habillement d'une foule japonaise. — Donc, pour le vêtement, comme pour l'habitation, comme pour l'alimentation, aucune transformation sérieuse. Pour ces trois besoins essentiels, le Japon a gardé sa civilisation, qui valait au moins la nôtre ; il n'a fait exception que pour les dîners officiels, les monuments officiels, les costumes officiels, parce que, dans ce domaine, nos vieux préjugés l'obligeaient à agir de la sorte ; mais dans la vie privée, les particuliers n'ont presque rien changé à leur mode d'existence, ou, s'ils s'en sont écartés çà et là par fantaisie, ils y sont bien vite revenus.

Nous allons observer un état de choses tout différent en passant à un autre besoin, d'une grande importance : celui de la santé, avec tout le système d'hygiène, de médecine, de chirurgie qu'il comporte ; ici, au contraire, les Japonais nous ont tout emprunté, parce que, sur ce point, nous leur étions vraiment supérieurs. — Sans doute, sous l'ancien régime, la médecine tenait déjà une large place au Japon. Un fameux médecin, Açada Sôhakou, pensait comme Leibniz que « deux choses surtout devraient préoccuper l'homme : la morale, qui apprend à diriger la vie ; la médecine, qui apprend à la conserver ». Et en fait, les vieux praticiens japonais étaient fort avancés sur certains points : pour la matière médicale, sur la botanique ; pour l'art médical, sur les accouchements. Mais des éléments essentiels leur faisaient défaut, à commencer par la science de l'anatomie. C'est dire avec quel enthousiasme ils accueillirent les doctrines de l'Occident et appliquèrent ses plus précieuses découvertes. Dès 1858, établissement d'un institut pour la vaccination, qui, trois ans après, devint l'École de médecine de Tokio, premier noyau de l'Université actuelle : et notez que, dès 1873, la vaccination était rendue obligatoire, ce qui n'est pas encore le cas dans la patrie de Jenner. Puis, on emprunte aux Universités allemandes quelques-uns de leurs meilleurs professeurs pour donner à Tokio l'enseignement de la médecine ; on crée partout des hôpitaux modèles, dont la visite n'est pas pour nous rendre fiers ; on fonde de nombreuses associations, soit d'instruction médicale, soit de charité pratique, comme notamment cette étonnante Société de la Croix-Rouge japonaise qui compte 600 000 membres, et dont les seules cotisations, à 7 fr. 50 par tête, représentent 4 ou 5 millions par an. Finalement, en une trentaine d'années, la médecine nouvelle se répand et triomphe dans tout l'empire, depuis l'Université, où s'élabore plus d'une utile découverte, jusqu'aux villages de l'intérieur, où le plus humble praticien indigène vous parle du dernier sérum inventé en Occident. — Donc, dans tout ce domaine de la médecine, transformation complète, parce qu'elle s'imposait.

Passons à un autre grand besoin de l'homme, le besoin de locomotion, qui se traduit, dans la vie civilisée, par des voies et moyens de communication plus ou moins perfectionnés. Ici encore, notre supériorité était manifeste : et les Japonais comprirent tout de suite les avantages de la vapeur et de l'électricité, soit au point de vue politique, pour la sûreté générale et la centralisation administrative, soit au point de vue économique, pour le développement du commerce, soit enfin pour l'agrément des particuliers. Ils transformèrent donc en hâte tout leur vieux système de communications, à l'intérieur comme à l'extérieur. — A l'intérieur, ils avaient de grandes routes nationales, sur lesquelles ils circulaient à pied ou en litière ; et s'ils abandonnèrent ce dernier mode de transport, ce fut seulement pour adopter le pousse-pousse, inventé, semble-t-il, par un Japonais vers 1870, et qu'ils continuent de regarder comme un véhicule préférable à nos voitures traînées par des chevaux. Mais ce

qu'ils devaient nous emprunter avec enthousiasme, ce sont
les chemins de fer. Je ne rappellerai pas les origines des
chemins de fer japonais, les difficultés inouïes qu'on dut sur-
monter pour les établir dans ce pays de montagnes, tout le
long effort qui aboutit au réseau actuel, avec ses 10 000 kilomètres de lignes exploitées ou en construction : c'est déjà,
au bout de trente ans, plus du quart du résultat obtenu en
France par l'ensemble de nos grandes compagnies. Pour préciser d'ailleurs l'état présent, je n'ajouterai que deux chiffres :
pendant l'année 1900, le parcours des trains dans tout l'empire avait représenté plus de 43 millions de kilomètres, et
ils avaient transporté plus de 102 millions de voyageurs. Il
ressort de là que les Japonais usent beaucoup de ce mode
de transport; et en effet, si leurs chemins de fer sont moins
rapides que les nôtres, ils sont en revanche plus agréables,
et surtout moins coûteux. — Je néglige les tramways, très
prospères également, comme en témoigne ce seul fait que la
Compagnie des tramways de Tokio distribue chaque année
un dividende de 33 pour 100 à ses actionnaires : et j'arrive
tout de suite aux communications extérieures, c'est-à-dire
par la voie de la mer. — De même que les Japonais avaient
sauté brusquement de la litière à l'express, de même ils
s'élancèrent, presque sans transition, de la jonque de cabo-
tage à nos navires les plus modernes. Assurément, le vieux
Japon ne redoutait pas les entreprises maritimes : c'est ainsi
qu'en 1585 une ambassade japonaise était allée visiter le
pape et diverses cours européennes, en attendant que plus
tard un autre Japonais, le premier après Magellan, fit la tra-
versée du Pacifique : mais en 1636, lorsqu'il voulut fermer
le pays, le gouvernement shôgounal interdit la construction
de toute jonque assez grande pour prendre la haute mer.
Pendant deux siècles, cette nation de marins avait murmuré
contre un tel édit; et on conçoit dès lors quelle explosion
d'activité suivit la reprise des relations internationales. Je
laisse encore l'histoire de cette marine marchande, depuis le
remplacement progressif des jonques par des bateaux à vapeur
jusqu'à l'achèvement des chantiers où le Japon actuel construit lui-même ses gros navires : et je me contenterai de
signaler la période la plus récente, qui fut inaugurée, en
1896, par diverses lois d'encouragement à la navigation. A

ce moment, les grands vapeurs du Japon représentaient un déplacement d'environ 266 000 tonneaux ; or, en 1902, (d'après une statistique publiée là-bas il y a quelques semaines), ce chiffre s'était élevé à 470 000 tonneaux ; donc, en six ans, augmentation de près de 80 pour 100. Si vous ajoutez à ces gros vaisseaux les navires de moindre tonnage, vous arrivez à un total de 500 000 tonneaux, et la marine marchande du Japon, si jeune encore, se trouve cependant placée ainsi tout de suite après celle de la France, avant celle de la Russie. Conséquence : en 1896, les navires japonais ne transportaient, en chiffres ronds, que 10 pour 100 du volume total des marchandises exportées ou importées: les navires anglais, allemands, français et autres, 90 pour 100 ; en 1902, la proportion s'était élevée pour les navires japonais à 40 pour 100, tandis qu'elle s'abaissait à 60 pour 100 pour les navires étrangers. Il est donc aisé de prévoir que, dans peu d'années, les compagnies japonaises seront maîtresses de tout le commerce extérieur, bien que cependant la mieux dotée d'entre elles reçoive une moins forte subvention que nos Messageries maritimes. En attendant, leurs grands paquebots viennent faire concurrence aux nôtres sur tous les points du monde, et assurent régulièrement le service, non seulement des ports d'Asie, mais encore de l'Amérique, de l'Australie et de l'Europe même, où ils arrivent tous les quinze jours jusqu'à Anvers. — Un mot enfin des postes, des télégraphes et des téléphones. Pour les postes, en 1900, circulation de près d'un demi-milliard de lettres et cartes-postales, c'est-à-dire deux fois moins qu'en France, mais notablement plus qu'en Russie ; il faut ajouter d'ailleurs que le Japon est le pays du monde où le port des lettres est le meilleur marché, puisqu'une lettre fermée circule dans tout l'empire pour un sou, une carte-postale pour un demi-sou. Même progrès pour les télégraphes : en 1900, les Japonais avaient expédié à l'intérieur près de 15 millions de télégrammes, et avec l'extérieur, plus de 400 000 dépêches avaient été échangées. Quant au téléphone, Graham Bell lui-même me racontait un jour, à Tokio, que la première langue qui ait été parlée dans son appareil, après l'anglais, ce fut le japonais, parce qu'il l'inventa en présence d'étudiants de cette nationalité : c'était un heureux présage, et aujourd'hui, les Japonais sont un des peuples qui se servent le plus du téléphone dans leurs transactions : à tel point qu'un brave homme de Tokio, le prenant pour une invention indigène, demandait un jour à un Français si, dans sa patrie, on avait déjà reproduit cet appareil ingénieux. — Donc, pour les voies et moyens de communication, sous toutes leurs formes, le Japon nous a imités de grand cœur, et il y a pleinement réussi.

J'aborde enfin un élément capital de la transformation présente, qui correspond encore à un besoin essentiel de l'homme : le besoin de sécurité. — Le Japon moderne a fait beaucoup pour la sécurité des personnes et des biens. Aux tremblements de terre, cette terrible menace qui pèse éternellement sur l'archipel, il a opposé toute une organisation scientifique, qui a pour résultat, sinon de les mieux prévoir, du moins d'en atténuer les effets : aux tempêtes et aux typhons, il a opposé un réseau météorologique admirable, un observatoire central que le télégraphe relie, d'heure en heure, à d'innombrables stations, et qui rend les plus grands services aux navigateurs : aux incendies, il a opposé de nouveaux moyens de lutte, élargissement des rues, pompes à vapeur. et la suite ; à tous les fléaux en général, un système public de prévoyance et de secours : aux malfaiteurs enfin, une police merveilleuse, qui est très probablement la meilleure du monde, et qui notamment fait de Tokio, cette capitale où plus d'un million et demi d'habitants circulent sur une étendue au moins triple de celle de Paris, une cité aussi sûre que nos petites villes de province. Mais ce que le gouvernement japonais a dû organiser par-dessus tout, c'est la sécurité même du pays, c'est-à-dire la défense nationale.

Chacun sait que les Japonais sont un peuple belliqueux. Pendant 400 ans, de l'an 1200 à l'an 1600 environ, la guerre civile fut l'état normal de leur pays ; et même durant la longue paix qui suivit, ils conservèrent les formes d'une société militaire. Mais ils en avaient perdu les habitudes : leurs sabres s'étaient rouillés ; leurs esprits, énervés ; et quand tout à coup, il y a cinquante ans, l'Occident vint leur chercher querelle avec des moyens d'action supérieurs, ils se virent dans l'impossibilité de lui tenir tête avec leurs

anciennes ressources. Ils acceptèrent donc, fatalement, les
traités qu'on leur proposait ; mais aussitôt, ils se mirent à
l'œuvre, à la fois pour être en mesure de résister à de nouvelles agressions, et pour pouvoir exiger plus tard la revision
de ces traités qui restreignaient leur indépendance. De là
une réorganisation complète de l'armée et de la marine sur
le modèle européen. — Pour l'armée, ce fut d'abord l'introduction de nos procédés occidentaux, l'établissement de la
conscription, la reconstitution sur des plans nouveaux de
tout ce qui concernait, soit le personnel, soit le matériel et
les travaux de défense ; puis, après la guerre contre la Chine
et l'intervention menaçante de trois Puissances européennes,
ce fut une augmentation formidable des effectifs, qui, en
dix ans, se trouvèrent plus que doublés ; si bien qu'aujour-
d'hui l'armée japonaise compte, en chiffres ronds, près de
150 000 hommes pour l'armée active, 200 000 pour la réserve
et 250 000 pour la territoriale : en tout, près de 600 000
hommes. — Pour la marine, même développement prodi-
gieux. A la fin de l'ancien régime, les Japonais n'avaient
plus un seul grand vaisseau, puisque leur gouvernement les
avait tous fait détruire pour mieux assurer sa politique d'isolement. Mais dès 1850, ils s'essayaient déjà à imiter nos
navires de guerre, et, en 1856, une frégate russe s'étant
perdue sur leurs côtes, les artisans indigènes qui aidèrent à
la reconstruire surent tirer profit de cette leçon pratique ; en
sorte qu'ici les Russes furent, sans le vouloir, les premiers
instructeurs des Japonais. Le travail de réorganisation
navale, continué ensuite sans interruption jusqu'à la guerre
contre la Chine, redoubla d'activité à partir de ce moment,
puisque désormais le Japon pouvait avoir à lutter en même
temps contre plusieurs escadres européennes. Le gouvernement fit donc sans retard un vaste projet d'expansion navale,
auquel il consacra d'avance plus d'un demi-milliard, et dont
les résultats sont aujourd'hui les suivants : une marine de
guerre comprenant plus de cent unités de combat, dont une
trentaine de gros navires, et parmi ces derniers, six cui-
rassés formidables, entre lesquels se trouve le plus grand
cuirassé du monde ; bref, au total, une flotte qui doit représenter un déplacement de près de 300 000 tonneaux, et dont
l'armement est au niveau des meilleurs. — Le Japon est

donc puissamment armé, sur mer comme sur terre. Son matériel de guerre est de premier ordre ; son personnel militaire est aussi instruit que dévoué : son esprit d'organisation, lors de la guerre sino-japonaise, a été reconnu supérieur à celui des intendances européennes dans toutes les expéditions récentes ; et quant à son ardeur guerrière, elle ressort assez de ce fait que, lors des derniers événements de Chine, les Japonais tinrent la tête des alliés. Or, c'est en moins de cinquante ans que le Japon s'est ainsi organisé, et c'est en dix années seulement qu'il s'est élevé, par un suprême effort, au niveau des grandes puissances militaires. On peut regretter, assurément, que tant d'intelligence et d'énergie aient été dépensées pour un tel objet : mais tout ce que nous avons à constater, pour l'instant, c'est un nouvel exemple de ce merveilleux esprit d'adaptation qui, dans tous les domaines, les pires comme les meilleurs, a fait le succès du Japon moderne.

Par malheur, pour des transformations aussi gigantesques, il faut beaucoup d'argent : et s'il en faut beaucoup déjà pour les dépenses pacifiques, il en faut encore plus pour les dépenses militaires, qui se renouvellent sans cesse et qui ne rendent jamais ce qu'elles ont coûté. Or, le Japon est un pays assez pauvre : sa richesse nationale ne semble guère supérieure à trente milliards, ce qui ne représente que le septième de celle de la France. Donc, pour sauvegarder la prospérité générale, c'est-à-dire à la fois celle des particuliers et celle de l'État qui dépend de la première, il fallait avoir recours à de nouveaux moyens de production ; et comme l'agriculture, déjà très avancée dans l'ancien Japon, ne pouvait guère progresser davantage, il fallait développer surtout l'industrie et le commerce extérieur. — Pour le commerce, les hommes d'affaires de l'ancien Japon se trouvaient dans les conditions les plus défavorables : car, à l'intérieur, comme on méprisait tout ce qui touche à l'argent, on les avait mis au plus bas degré de l'échelle sociale ; et à l'extérieur, ils ne pouvaient rien tenter, le gouvernement l'ayant interdit. Et cependant, les Japonais avaient pratiqué, avant nous, la lettre de change, le chèque, le connaissement, tous les procédés de notre commerce ; ils possédaient des banques puissamment organisées ; ils avaient des bourses

aussi animées que les nôtres ; enfin, certaines grandes entreprises s'étaient imposées à l'estime publique, comme la
fameuse maison Mitsoui, qui compte aujourd'hui trois siècles
de prospérité, toujours aux mains de la même famille
patriarcale, et qui est sans doute la doyenne des maisons de
commerce du monde entier. Le vieux Japon possédait donc
un système commercial tout préparé : ce qui lui manquait,
c'était une vie commerciale intense ; et pour la susciter, il
fallait, d'une part, abolir les anciens préjugés, d'autre part,
ouvrir le pays à un grand mouvement d'échanges. C'est à
quoi ont travaillé, avec le secours d'un gouvernement éner-
gique, les négociants du Japon renouvelé ; et voici les résultats, pour un quart du siècle : en 1875, le chiffre total du
commerce extérieur, exportations et importations, était à
peine de 120 millions de francs : en 1900, il s'était élevé à
1 milliard, 230 millions ; il avait donc plus que décuplé en
25 ans. Or, l'élan continue : car, d'après une statistique
toute récente, ce mouvement commercial a donné, en 1902,
1 milliard, 325 millions. — Pour l'industrie, au contraire,
la tâche des Japonais était beaucoup plus compliquée : car,
dans ce domaine, ils avaient presque tout à nous emprunter.
Il leur fallait passer du système de travail familial ou corpo-
ratif à la fabrique et à l'usine, avec les machines les plus
modernes et avec les vastes associations de capitaux qu'exi-
gent de tels établissements ; et il leur fallait lutter en même
temps contre des difficultés particulières : car si l'ouvrier de
là-bas se contente de gagner un franc par jour, il ne consent
pas à travailler comme un esclave, mais seulement en artiste
et à ses heures ; il tient à se réserver de longs moments pour
ses plaisirs favoris, dont les principaux sont la lecture, les
jeux de hasard, et la contemplation des fleurs ou de la nature
en général ; de sorte que, finalement, la main-d'œuvre japonaise est moins bon marché qu'elle n'en a l'air. Cependant,
ici encore, le progrès a été tout à fait remarquable. En
1894, au moment de la guerre contre la Chine, il n'y avait
au Japon que 780 sociétés industrielles, avec un capital
versé de 110 millions de francs ; en 1900, il y avait 2250
sociétés, avec un capital de 370 millions ; donc, sociétés et
capitaux avaient triplé dans cet espace de six ans. Et si l'on
désire se rendre compte de la production obtenue par cette

nouvelle organisation, il me suffira de citer le chiffre d'exportation des soies manufacturées : cette exportation, qui représentait à elle seule 30 millions de francs en 1900, avait presque centuplé durant les cinq ou six années précédentes. C'est d'ailleurs le progrès le plus rapide dont l'industrie japonaise puisse s'enorgueillir. Mais en voilà assez pour faire saisir toute l'importance de ce progrès industriel et commercial qui a renouvelé l'économie nationale, et qui tend à faire du Japon, selon son rêve, l'Angleterre de l'Extrême-Orient.

Ainsi, pour tout ce qui regarde la vie matérielle, le Japon s'est transformé à notre exemple : et cette transformation apparaît comme de plus en plus profonde à mesure qu'on s'éloigne des besoins individuels (alimentation, habitation, vêtement), auxquels répondait très bien l'ancienne culture indigène, et à mesure qu'on s'engage plus avant dans la série des grands besoins collectifs, comme le progrès des armements ou comme celui de la richesse nationale. C'est que le vieux Japon, dans son isolement volontaire, avait le droit de regarder la plupart de ces progrès comme des changements inutiles ou même contraires au bonheur des individus ; tandis que le Japon moderne, en contact avec des nations puissantes, ne pouvait se défendre qu'en s'organisant à leur manière et en luttant contre elles par leurs propres moyens.

En revanche, aucune nécessité de ce genre soit pour la vie sociale, soit pour la vie morale ; et c'est pourquoi, dans ces deux derniers domaines, le Japon ne nous a presque rien emprunté. — En effet, pour la vie sociale d'abord, qu'a-t-il tiré de nous ? Est-ce son Gouvernement ? Mais la disparition de la féodalité devant une centralisation nouvelle fut un phénomène tout à fait national : lorsque les anciens seigneurs, d'un seul élan, abandonnèrent leurs terres et leurs privilèges, ils ignoraient assurément que la France ait eu sa nuit du 4 août ; et lorsque le shôgoun remit sa démission entre les mains de l'empereur, il ne fit que restituer ses pouvoirs au chef de la plus vieille maison régnante du monde. Est-ce l'Administration qu'on nous aurait empruntée ? Mais depuis plus de mille ans les Japonais, instruits par les Chinois, étaient un peuple bureaucratique, et certainement, sous ce rapport, nous avions peu de chose à leur enseigner. Est-ce le Parlement ? Oui, en apparence ; mais dans la pratique, le Parlement japonais n'est qu'une école d'application fondée par le marquis Ito pour l'éducation politique du peuple ; la Constitution, très prudemment, n'a pas admis le principe de la responsabilité ministérielle : si les Chambres ne sont pas sages, on les dissout ; et par conséquent, cette institution n'est qu'une pierre d'attente pour un édifice démocratique à venir. Sont-ce alors les Codes qui nous montreront l'influence européenne ? En apparence, oui encore ; mais en réalité, on a repoussé les projets qui ne s'harmonisaient pas avec les coutumes indigènes, et quant aux textes récemment adoptés, nul ne peut dire encore quels en seront les résultats positifs : « les lois du gouvernement, disait un vieux proverbe indigène, sont des lois de trois jours », et l'ancien Japon n'admettait l'autorité d'une coutume que si elle avait duré au moins cinquante ans. — Prenons au contraire un ordre de choses où, d'habitude, les influences étrangères se marquent très vite, je veux dire la question des jeux, si importante, puisqu'elle répond à un besoin essentiel de l'homme, et puisque tout le temps qu'il n'emploie pas à travailler ou à dormir, il le passe à se récréer. Or, il y a vingt ans, les Japonais eurent un instant la fantaisie d'adopter nos amusements occidentaux : les femmes dansaient, les hommes faisaient un poker, et les enfants gonflaient des bulles de savon. Mais ce bel engouement disparut en peu d'années : aujourd'hui, les femmes vivent dans leur intérieur, les hommes sont revenus, très sagement, à leur antique jeu du *go*, un jeu d'échecs plus compliqué que le nôtre, et les enfants préfèrent le cerf-volant national. — En somme, le seul résultat sérieux du contact européen, en matière sociale, ça été le remplacement du mutualisme pratique qui faisait le charme de l'ancien Japon, par un individualisme exagéré qui fait déjà le malheur du Japon moderne ; or ce résultat lui-même n'est qu'une conséquence des changements intervenus dans la vie matérielle du pays.

Reste alors seulement la vie morale. — Les Japonais allaient-ils nous emprunter, tout d'abord, notre morale proprement dite, nos systèmes pour la conduite de la vie ? Assurément non : car le leur valait le meilleur des nôtres.

Pour les vieux Japonais, l'homme moral était le sage qui, suivant les instincts spontanés de son cœur, c'est-à-dire la voix de sa conscience, obéit sans effort aux lois de la raison ; l'homme immoral, au contraire, était un fou, un être incapable de se gouverner lui-même : et par conséquent, la morale consistait tout simplement à pratiquer le devoir, tel que le conçoit un esprit éclairé. Comme disait Mouro Kiouçô, le Socrate du vieux Japon, « le philosophe discerne la raison, mieux qu'un buveur le goût du vin » : et cette morale intuitive n'était pas seulement celle de quelques rares intelligences : c'était celle qu'on enseignait aux enfants, dans les écoles primaires, avec d'excellents petits manuels composés il y a plus de mille ans. Les Japonais étaient donc plus avancés que nous, au point de vue de la morale indépendante, et ce n'était certes pas l'Europe qui, sur ce chapitre, pouvait leur donner des leçons. — Allaient-ils alors s'adresser à nous pour changer de religion ? Bien moins encore. Sans doute, ils n'avaient plus à craindre, comme jadis, cette politique européenne qu'un lettré indigène avait ramenée au programme suivant : « donne-moi ton pays, et je te donnerai mon Évangile » : maintenant, les Japonais se contentaient de sourire à la pensée de ce péril lointain, qu'ils avaient su éviter. Mais en revanche, le christianisme leur apparaissait de plus en plus comme un amas de superstitions vulgaires, et ils s'étonnaient que les Occidentaux, avec toute leur science, pussent rester attachés à des dogmes surannés. Déjà, il y a deux cents ans, le philosophe Araï Hakouséki, chargé d'interroger un père jésuite qui était venu tenter de convertir le Japon, résumait ses impressions dans cette simple idée : « Chez cet étranger, il y a deux hommes : quand il parle des sciences de son pays, il est admirable ; mais dès qu'il aborde sa religion, il déraisonne et sa conversation devient puérile. C'est comme si l'on entendait parler, d'abord un sage, puis, soudainement, un fou. » De nos jours, cette manière de voir est tout à fait générale : je n'en veux pour preuve que le fait suivant : un Européen du Japon étant venu en Occident avec ses domestiques indigènes, et leur demandant ensuite de lui dire en toute franchise ce qui les avait le plus frappés, s'entendit déclarer qu'à leur humble avis les trois principaux traits de notre caractère étaient la saleté, la paresse et la superstition. Dans ces conditions, on conçoit toute la vanité des efforts de nos missionnaires. Le Japon d'ailleurs avait une Église officielle, l'Église bouddhique, qui tenait dans l'État la même place que l'Église catholique chez nous : or, dès le début de l'ère nouvelle, en trois ans, de 1871 à 1874, il opéra la séparation complète de cette Église et de l'État ; ce n'était certes pas pour la remplacer par une religion étrangère. Quelques hommes politiques proposèrent, il est vrai, vers 1880, d'adopter officiellement le christianisme, comme on avait admis à ce moment le costume européen, pour faciliter les négociations avec les puissances occidentales ; mais cet avis ne fut pas pris au sérieux. Donc, pour la religion, comme pour la morale, aucune action sensible de l'Occident.

Je néglige la question de l'art : car en cette matière, il est bien certain que les Japonais nous ont donné infiniment plus qu'ils n'ont reçu de nous. L'influence européenne au Japon n'est représentée que par quelques essais de peinture à l'huile, en général assez malheureux ; l'influence japonaise en Europe s'est exercée, au contraire, sur plusieurs de nos meilleurs maîtres, et a inauguré la rénovation de nos arts décoratifs. — Le seul domaine où notre influence devait s'imposer, c'est celui de la science ; car c'est là qu'éclatait le caractère merveilleux de notre civilisation moderne, et les Japonais ne s'y trompèrent pas. Ils étaient, sous l'ancien régime, un peuple de guerriers, sans doute, mais en même temps, un peuple de lettrés ; et on pourrait personnifier la vieille civilisation japonaise sous les traits de ce guerrier indigène qui partait pour la bataille en chantant des vers, avec une fleur dans son carquois. Même au plus fort des grandes mêlées du moyen âge, des coins tranquilles étaient restés, çà et là, où étudiaient des hommes avides de savoir. Les manuels scolaires du IXe siècle que j'indiquais plus haut contiennent déjà des maximes comme celles-ci : « Les trésors qu'on entasse dans un grenier dépérissent : les trésors qu'on recueille dans l'esprit durent à jamais » ; ou bien encore : « Tu peux accumuler un millier de pièces d'or : elles ne seront pas aussi précieuses qu'un seul jour d'étude. » Et en effet, lorsqu'au XVIIIe siècle un pauvre étudiant japonais, s'étant mis en face d'un livre d'anatomie hollandais comme

Champollion en présence des hiéroglyphes, parvint à y déchiffrer le sens d'un seul mot après une longue journée de travail, il ressentit, nous dit-il, « une joie inexprimable, comme s'il avait reçu en toute propriété un château rempli des joyaux les plus précieux ! » On devine par là avec quel enthousiasme de tels étudiants se mirent à l'œuvre, lorsqu'un gouvernement éclairé, levant l'ancien interdit qui punissait de mort l'étude de nos sciences, fit au contraire de l'instruction à l'européenne la base même de l'ordre nouveau. C'est alors qu'on vit se développer tout un nouveau système d'instruction publique : le système qui est arrivé, aujourd'hui, à couvrir de ses écoles tout l'empire, depuis la large assise de l'enseignement primaire, avec ses 90 000 instituteurs et ses 4 millions et demi d'écoliers, jusqu'à l'Université de Tokio, avec ses 225 professeurs, dont plusieurs ont déjà fait de précieuses découvertes, et avec ses 3 000 étudiants, qui presque tous sont des travailleurs acharnés, armés de plusieurs langues étrangères, et penchés sur les livres de l'Occident comme nos érudits de la Renaissance sur les manuscrits de l'antiquité. C'est alors aussi qu'on vit apparaître toute une nouvelle génération de penseurs, qui, par l'enseignement, par le livre, par le journal, prirent en mains la direction intellectuelle du Japon moderne : car ce sont les mêmes hommes qui dominent à la fois les grandes écoles, la littérature et la presse, et qui emploient ce triple moyen d'action pour promouvoir le progrès de leur pays. Il en résulte que la littérature du Japon est plus sérieuse que la nôtre : par exemple, d'après la dernière statistique, sur plus de 20 000 volumes parus dans l'espace d'un an, il y en avait eu moins de 400 pour le roman contre près de 5 000 rien que pour le droit et les questions administratives ; et j'ajoute que le roman lui-même prend volontiers, dans le Japon d'aujourd'hui, des allures graves : c'est ainsi que l'œuvre d'imagination qui a obtenu le plus vif succès dans la période contemporaine avait pour héros Épaminondas.

Résumons-nous. — Le Japon moderne n'est pas, comme on le répète toujours, un phénomène miraculeux et sans analogies dans l'histoire : car la Révolution qui l'inaugura avait été préparée par un siècle et demi de fermentation intense, et les plus importantes réformes de l'ère présente, à

commencer par le progrès scientifique et le progrès commercial, étaient réclamées par toute la nation bien avant notre
arrivée dans l'archipel. Mais ce nouveau Japon n'est pas non
plus, comme d'autres le prétendent, une imitation hâtive et
fragile de toute notre culture prise en bloc : c'en est une
adaptation partielle, mais prudente et solide, parce qu'elle
fut dirigée par des hommes d'un rare bon sens politique, et
appliquée par un peuple beaucoup plus pondéré qu'on ne le
croit en général. Lorsque notre civilisation leur fut révélée,
les Japonais ne furent pas éblouis, parce qu'à certains égards
ils étaient plus raffinés que nous-mêmes : notre vie morale
ne les séduisait pas, notre vie sociale pas davantage, et notre
vie matérielle seule, avec ses perfectionnements scientifiques,
pouvait imposer à leur esprit. Ils adoptèrent donc cette vie
matérielle, avec mesure d'ailleurs : et les nouvelles acquisitions vinrent s'ajouter aux anciennes, sans abolir ni le
vieux fonds chinois assimilé par tant de siècles d'histoire,
ni le tréfonds primitif inscrit depuis plus de deux mille ans
au cœur de la race : c'était une troisième civilisation qui
venait enrichir les deux premières, sans pouvoir les faire
oublier. Ce que furent réellement ces acquisitions, je l'ai
montré par tout un ensemble de faits précis, que j'ai eu l'occasion d'observer pendant de longues années dans le pays
même, et qui auront permis au lecteur de distinguer avec
exactitude en quoi le Japon moderne a imité ou n'a pas
imité l'Occident. En somme, nous nous trouvons en présence
d'un grand peuple, de 45 millions d'hommes, qui a opéré
avec sagesse une évolution à la fois indispensable et avanta-
geuse pour lui. Les Japonais ont accompli une transformation
nécessaire : c'était une question de vie ou de mort pour leur
pays, et s'ils n'avaient pas donné, au bon moment, le coup
de barre décisif, ils seraient aujourd'hui, comme les Hindous
ou les Chinois, à la merci des nations occidentales, tandis
qu'au contraire, par leurs traités récents, ils ont su renverser
les rôles en arrachant aux premières puissances d'Europe des
concessions qu'ils refusent eux-mêmes de leur octroyer, et
tandis que, par leurs armements, ils peuvent se défendre
désormais contre tout envahisseur qui menacerait leur indépendance. En même temps, c'était pour eux une transformation utile, à la condition de ne pas nous singer à la légère,

mais de n'accepter, après expérience, que ce que nous avions de meilleur à leur offrir. C'est ce qu'ils ont fait avec un discernement remarquable, en s'appropriant, d'abord tous les perfectionnements réels de notre vie matérielle, ensuite, et au-dessus, la source même d'où tous ces progrès dérivent, c'est-à-dire la science, qui est la vraie gloire de l'Europe et le seul principe de sa grandeur.

CHARTRES. — IMPRIMERIE DURAND, RUE FULBERT.

CHARTRES. — IMPRIMERIE DURAND, RUE FULBERT

9 782329 655895